Punto negro

L. Santiago Méndez Alpízar

Punto negro

bokeh ✳

ISBN 978-94-91515-56-9

Para mi hermano Boris Mesa Fernández: ¡fuego!

Hay un punto

Alrededor del punto
	la sombra y yo

Sobre todo fin

hay un
punto

Un punto
negro

Discurso

Pulsa la memoria
Encaja en los sonidos
De palma a sombra
se retuerce en la infancia

El charco y la mejilla posándose

A esta hora suelo ser uno más
de los normales

Retroceso
Líneas paralelas
Comienzo y fin

Descensos que pulsa la memoria
y yo
encajado en los sonidos más usados
del poema

Segundo poema sin título

Traga el espacio la soledad del grito
Cruza la voz el amargor vano

Un personaje y otro son lo mismo
piedras rodadas al más allá del cuento

Encontrar el resto en el espejo
/redundancia de la nada/

...

En este espacio *Mr .Pound*
quemó la sangre
Señales de la voz contra el vacío
Baste un ruego al canto
En la eterna soledad del grito

Tercer poema sin título

Valga la memoria
Valga la suerte de rajarse el cerebro
… archivar los sonidos

Valga el almacén

El hombre no es mucho más
que su memoria
                    / ayer desperté
                    me comí dos huevos
                    En la calle vi a la muchacha
                    que tenía la trenza más larga
                    y que ya no es una muchacha
                    sino la madre de tres hijos
                    que se pasan el día corriendo a ser hombres
                    en el mismo juego de los hombres /

Valga la suerte de rajarse el cerebro
y la memoria…

Cuarto poema sin título

Corre la suerte
y la sangre ha de andar
Fénix
Fénix *nada* atormentado
Por las ganas de ser y de dejar de fingir
Corre mi sangre
y no soy más que cenizas
Aquí estoy
solo vuelo en estas nubes

Tarde y tiempo
y ceniza
de ave que calla y no sigue a ser pájaro
Hambre ésta
Tardía hambre
y costumbre de arrancarme el corazón
como en un juego

juego éste el de jugar con
corazón a estas alturas
El mar

Delfín que me aplasta
tiempo que sobra
y no demora en vitorear el tiempo que no
Viento y ave se deslizan
sobre las agudas venas que me faltan

A tanto esperar
No soy más que tiempo
A tanto mar
no alcanzo

—acaso—
ser delfín de los cuatro vientos
Tampoco pregunto
ni pregunté
Nadie asomó
El polvo hizo su ventana
y los muros tardaron en encender sus vistosas
aguadas
Guardado está
Socorrido el S.O.S
no es la visión
del que lanza el primer aldabonazo
para llegar al puerto más cercano
No
Es el guerrero
Miedo
miedo de la tardía hambre que soy
miedo de no ser nunca más el vuelo
y soñar con el sueño y la ceniza
Corre la suerte
y la sangre ya se escucha
La sangre que siempre termina
que siempre trae el punto
y final
La sangre que siempre…
Fénix

a qué resurgir
a qué ganar el cielo
a qué parirse
si la muerte es círculo vicioso
y la sangre ya se escucha /
Tampoco pregunto
Aquí estoy
A tanto esperar
no soy —acaso—
Delfín de los cuatro vientos
A tanto mar no llego a la espera
A tanto miedo
Corre la suerte
          y la sangre
y las cenizas
          y el tiempo y…
Fénix
el mar es un cristal roto en los ojos
del delfín
Delfín que muere por nadar el cielo
y no llegan tus cenizas

Quinto poema sin título

En el estanque
   noches de andar de noche en noche
Lady Ortega
encontró su cuerpo en el estanque

Las luces de neón son culpables
de su falta

Lady Ortega
encontró su trazo en el estanque

FIN DE LA CITA

La poesía en su soporte halla el límite
Lady Ortega alguna vez creyó que la
Ciudad estaba lejos
que los marinos seguían siendo barbudos y tatuados hombres
bronceados por el sabor de las ostras
Lady Ortega pudo ser
la presidenta pero
el sueño en su soporte encuentra el límite

Lady Ortega (Batey de Jinaguayabo 1971) hija única de
un matrimonio de campesinos. Se desconoce el motivo
del poema. Todo indica que existió «algún lazo amoroso».
Tanto en el poema como en la cita se respira cierto «aire
malintencionado» pese que a la hora de escribir el poeta

escoge un discurso muy respetuoso. La única prueba que se ha encontrado (en caso de que dichos lazos sean ciertos) es que con la llegada del turismo Lady Ortega fue la primera mujer de su pueblo en casarse con un extranjero.

Plaza Isabel II

Al centro de la plaza
——la glorieta
—— la glorieta
Kiosco Pando 1909
Al centro de la plaza
los demonios
Los niños que van a morir
junto a la banda de música
Música desde el centro de la plaza y
hacia las cuatro costillas del pueblo
Al centro de la vida
—— la glorieta
Kiosco Pando 1909

La banda música y
los niños que hacen la suerte más alegre
con los viejitos del baile
Al centro del poema

Es costumbre en los pueblos de provincia la afluencia de los vecinos
hacia la Plaza o Parque y reunirse en grupos de amigos o conocidos. Todo
pueblo de provincia que se respete tiene por ende un Parque o Plaza en el
que existe una Glorieta. En la misma la Banda Municipal (antiguamente
Retreta) interpreta u ofrece lo que dan en llamar: *Conciertos Didácticos*.
Un detalle curioso es que las personas no se complacen en escuchar la

música ni en conversar sentados y emprenden en dichos grupos a girar alrededor del Parque. No utilizando el espacio de éste sino la calle.

Para mejor entendimiento:

8-5-80

Para Bertha Alpízar Pérez

Un día como hoy
montaba bicicleta

Un día como hoy de 1980
la muerte se guardaba en el cuerpo
de la madre

Un día como hoy
se escondía de la muerte y
de la madre

Un día como hoy
la muerte era la madre

En la casa del tío
velaron a la muerte

Un día como hoy
en la casa del tío
la muerte hizo su espacio

Un día como hoy
… mientras velaban a la muerte
en el cuerpo de la madre

Algunos pocos…

Para Sigfredo

La luz
Siempre la luz

Línea que enmarca las formas

Cenicienta
casi blanca
augura la imagen y
sea la sombra
rastro de la luz

… siempre la luz

Sexto poema sin título

Sarah Weeks
es una mujer tan alta que
hace espuma

Sarah Weeks
cuenta historias de cocodrilos
a sus hijos

Pero Sarah Weeks
no sabe
que en el último cuento le fue
infiel a todos

Sarah Weeks
es una mujer tan alta que
hace espuma
y en cada historia cuelga una deuda

Séptimo poema sin título

En la jofaina los pies /
agua con sal
bicarbonato
Agotamiento como de zampoña
azul y de otros azules olvidados

Música mojada
de agua
mojaita /
pasada por lluvia la vida
la concordancia:
yo de resguardo

Hijo del muerto llegado hasta el santo /
con más preguntas que placidez
más caminos que morriñas

Atizo ascuas
espanto cualquier certeza irreversible /
    hinchado de certidumbre acopio en sombra:
regreso a los muertos de mi casa

Marbete en las vejigas de lo escaso

Retazos

Suda tus manos y tu olor

En cada pedazo de pan
están tus huellas

Es como si en cada acto
tus manos y tu olor se prolongan en su olfato

Suerte
conciencia de saber que

en cada pedazo de pan están tus huellas

Octavo poema sin título

Trocitos de la representación
aceitados los momentos se visualizan /

un cerebrito humeante sigue siendo cerebro

Lo mismo queda la ocasión /
              la memoria es tan erizada

Mejor con algo de empeño
Mejor saltar
dar señas de alegría
empuchar la cabeza:
poner rostro de día relativo

Conceptual que lo que estás gastando es la vida

Herramientas

Anillo

Sombra

Polvo

Flecha a ti mismo
y una vez más

Árbol

Signos

Engranaje del discurso
Nada eterno

Anillo
y
una
vez
más

Árbol

Sombra

Flecha
a
ti mismo

Moulin Rouge

Para el Maestro: Amaurys García, en Remedios

Guarda el color la vagabunda
El licor más rancio
La visión de tus *piernas ponchadas*

Guarda el lienzo y el penúltimo ridículo

Cierto *Toulouse*… ni *Madame X* pensó en *tragarse* tus
piernas

Guarda el color la vagabunda

En lo más hondo París tapó tus manos

> /*Pare el coche*
> *La gitana bailará*
> *El molino no fue más que*
> *el desenfado*
> *más bien fui el invento del Molino*
> *Pare el coche*
> *más bien me escondo de mí*
> *y está el Molino*/

Cierto *Toulouse*… también París guarda a sus ratas

Noveno poema sin título

Si realizara(s) un corte sagital
quizá
lograría(s) el hedor

La mazamorra que abunda donde las flores albas

Resumen de diagnóstico

Para Eva, en España

1.

Ella no cree que sea capaz de matar
De arrancarle las tripas a un tipo
y luego leer este poema

Ella no quiere creer
que soy un hombre bajo
con pocos escrúpulos

Que he vivido
gracias a Dios y a ese instinto
a esa forma de *trampear*

Ella dice
que mi salto en el estómago
es una metáfora
y que nada tiene que ver con la mierda

Ella me hace historias
sobre mí

Dice que no *tengo otro remedio*
suelta la palabra ternura…

2.

Quiero que sepan
que ya no duermo a su lado

Soy demasiado bueno
para una mujer enferma

¡Ya!

Para Miladis, en la Casa de la Cultura

La muerte
Otra vez la muerte

El mal olor

La muerte… Alguna forma de mirarla
había

My deep flower
(Proyecto de guión para película de cine negro)

Él venía de la guerra. Como en otras historias / Ella no
había esperado. Atiborrados de ansiedad / preguntas y
besos circulaban

En algún momento el teléfono sonó / sólo fue un momento

Él estaría una semana / era casi un héroe y a los héroes el
pueblo les espera.

Como en otras historias Él no sabía que muchos la llamaban:
my deep flower

Él no pagaría esa noche

Ninguna… no sabía…

De gorrión, mamita

Para Claudia. Rojas

Sentada y a la espera /
como un hueco en la tarde

Triste animal levitando entre el brocal y el agua

Pequeño ruego

Con Lazarito y Serrat

De aldea en aldea
no hay más vientos que estos que arrastras

El mundo a penas reconoce a tus muñecos
el tiempo finalmente sea un rasgo de premura
carencia vital

Último de los errantes
dónde perdimos
cuáles deterioros serán suficiente para que por fin el camino
lleve tu nombre

Si no existen veredas ni piedras que antes no pisaras
Si la lejanía es siempre reverso más cercano

Nada puede privar a la memoria
los días que fueron contados con filosas risas
mientras el despreciable eunuco Wie Zhongxian te perseguía
                                                    mataba

Nada puede contra las tardes descritas por Xenofonte
otra vez regadas de sexo y alcohol
mientras eran decapitados los centauros
algunos otros forajidos
Ausente de nosotros ahora y nosotros en ti
como trapero ejercicio de la Marimanta

indetenible prisa hacia el vacío y la prisa...

No sé cuáles caminos llegarán
de ahí la urgencia de bautizarlos con el tuyo
salgas otra vez al aire
                    a la noche

las plazas y tabernas

Poema de familia

Pero del cielo también llueven piedras y rencores

Abuela bien lo sabía

Ella se hacía al olvido y las ausencias

No es gratuita la bondad del que no tiene
    es más bien amplia y dolorosa

Era traumática la hora del almuerzo

En la casa de Abuela nunca hubo tanto

Bertha se iba al campo
    al Palmar Prieto y al Cayo de las Vacas

    Los guajiros siembran arroz
    cambian frijoles por zapatos

Una gallina era fácil en el monte

Justo premio para día de trapicheo

Abuela se daba a las ausencias

Como quien juega a no pensar en nada

a mantener el orden y la disciplina desde lejos en el
tiempo

desde una remota herencia de familia

O vienes o te quedas

Sentadito, por un cuadro de Quintana

No conozco las distancias
      el punto exacto entre mi cuerpo y los amigos

Cruzado los pies
sentado
intento precisar latitudes

…hay en la tierra una ciudad cercada

pero
no conozco las distancias
ahora estoy fuera de las dos posibilidades

Será que hemos llegado al sin retorno. Que
el amor no estaba a la vuelta de la esquina

Para Pilar Ortiz Vázquez

Suspendidos

Ignotos peces por las luces de una ciudad fantasma
    otra ciudad / no la del sueño

Sosteniendo una afilada costumbre
para no perder el juego

Como el sueño eterno de la perpetua juventud /
deseo del primer emperador que unió la china

Hablaremos palabras caídas en gotas de azogue
Para entonces
en los recipientes de la memoria
percutirán las exiguas imágenes de antes
chirriará el tiempo /
parca costumbre de situar pasado

De cualquier lejanía emergerás tú:
en todas las ausencias acertarás mi nombre

Será de perogrullo constatar que nada está donde pensabas/
el viento vuelve a la arcilla

La vil maquinaria de los ciclos

Sobre tus curvas

Madeja
Curvas tus curvas sobre mi telaraña

Piñazo bajo este sol de palmares y desesperanzas

Sobre tus curvas que jamás fueron sopeteadas
en los calabozos donde frecuenté
los granos de arroz hervido
el *aguaconazúcar*
                 caliente
Al ladrón de palomas
de gallinas
        al que entraba y salía
y así como si la vida
      así toda su vida

Curvas tus curvas sobre
la memoria

Detrás de cualquier noche que imagine hay una bestia
un camión cargado de gentes con fusiles
algún magullamiento onírico

Detrás de alguna noche /
    las que vienen
    inflexibles
en la *longa* tradición que son los días

encaramado en camión-bestia-
lo que fuere:

te voy a sangrar lo mío

Como si lo mío fuese mío
Como si-no /
la obsesión por destacar

grano de arena en vasija de reloj

En infinito próximo

Tus curvas y yo con tanto hongo…

Con tan pocas maneras de echártela encima

Poema

He cruzado el mal y
amor no es lo que dices

Buey

Lento y sudoroso
no es toro el buey /
                     ni lo contrario

Su cansancio fue atado a la navaja

El narigón es divisorio

El 21

Para el artista Joel Rojas

Sabe del nido de la codorniz

del guajiro y las gallinas

Guarda silencio

Se hace intriga en el monte

Saca la lengua.
                    Se desliza

No es serpiente majá
pero intimida

Poema de familia II

Finalmente murió tía Candita / atada a la asfixia / con balón de oxígeno a remolque. Todo este alejamiento / todos los días de los tantos años sin verla / sin vernos / hace termine con una tristeza diferente / más filosa a la que me provoca cierta canción de Prince por Sinead O'Connor.
Para seres como tía Candita deseo exista el cielo.
El tiempo te cobra también en ausencia. O viceversa. Yo podría entonces pagar toda esta falta: todas las veces que no encontró el buchito de café / los cigarros que la iban matando. Podría pagar trocar su ausencia por la mía. Su incapacidad para llegar sin poder dejar de avisar de la pobreza.
Murió finalmente tía Candita / unida a la certidumbre de otra vida mejor. Ahora estará con abuela y con mi madre: con su hija pequeña que se fue la primera.
Nos dejó los conjuros contra el empacho / el mal de ojo. Cómo crecer el arroz microjet: triple de agua, que el agua alimenta / limpia por dentro / por fuera. Algunas canciones de Leo Dan / a quien ahora escucho y me resulta igual de lamentable / pero me es imposible de separar: romántica a fuerza de pobreza / las canciones que se escuchan en las casas de los pobres. Será que la pobreza —entonces— lleva en sí maneras contestatarias.
Murió tía Candita / se fue secando: apenas 20 kilos / según me lo han contado.

Intento de soborno para que bien me quieras

Para Pili

Mejor que no insistas en sufrir

El cielo puede ser algo aburrido

Un salón para tejedoras

Conga de Pavel

No es el fin quedar herido
una brecha perpetúa lo que jamás ha de ser olvidado

Incómoda señal desbordadas las orillas

Si Dios no está
mejor pensar que es infinito…

    Lo que cuento no es mi cuento /
no es dolor el dolor ajeno
…no preña el dolor más que a la muerte

Lo que cuento es el vacío
la escasa gratitud de los más próximos

mamá las lágrimas se me salen
mamá quiero llorar y no puedo

Memorándum

Con Omar Rodríguez —el Conde— el poeta

Un intento más
y voy a dar a otro espacio

El recuerdo viene a ser la ingravidez

Ironía un País sin estaciones

El Otoño
Culpa del Otoño
Si al menos fuera Otoño

Ironía un País sin estaciones

Un intento más
y voy a dar a otra tardanza

Memorándum
del próximo suicidio

Y de bueno... ya tú sabes

Para Pedro Luis Marqués de Armas

Y de la histeria
tal vez la llegada al mismo sitio

La llegada a no estar en el mismo sitio
donde
tal vez no debiste llegar

Y de la historia
el poder —rastro y estridencia— sin profilaxis
Sacarnos y sacar el perro que nos caga
que nos hace más perro

Y de la noche
lo de siempre

Y de las flores
lugar común sin contratiempos

Y de la muerte
más muerte
muerte hasta ejercer la muerte

Sin profilaxis

Y de la que perdió los ovarios
lástima

Y del maricón... tan maricón
pobre diablo Diablo maricón

Y del amigo

Vigilado... pero amigo

Y de los poetas
bien y tú

Y del que temió tragarse el grito de la madre. El de la patada en el culo a los diez años por la falta de sexo. El que tiñó la sábana de la abuela —loca como estaba— para el pantalón de moda. El de la novia y el complejo por la novia. El mismo del complejo por la novia y los padres de la novia —y del «qué dirán» los padres de la novia—. El que tiró la jarra con *meao* en el centro de la fiesta y encontró la puñalada —la misma noche en que su hermana quemaba el armario por las *chinchas*—. El de la cría de *Batatas* en el canal de desagüe —pese a las heridas y lombrices—. Al que el padre le rajó el calcañal con una lata de leche condensada.

El que por supuesto se mató un día y para ser *más útil* se compró un pijama. El que habló del presidente y... El que por falta de pruebas y en total complicidad le hizo un hijo a la esposa de... El que pudo... pero...

Y de la histeria

Y de la historia

Y el de... Fin.

La caza
(una historia de pueblo)

Siempre el fango

Las vísceras
de la mujer negada

El color indefinido de la cicatriz más exacta

Siempre el charco

La tuberculosis
en el mensaje del escupitajo

El encanto del degollado perro y
los ojos del niño
haciendo un nudo

Cazar cangrejos era divertido

pero

Ariel murió
con un palo de mangle
atravesado en la ingle

Siempre el fango

La mitad del cuerpo
es fango
y está en el charco
Cazar cangrejos era divertido
pero
Ariel murió de tuberculosis y
le creció un mangle desde el escupitajo de un perro
negado como
las vísceras de la mujer que
indefinia la cicatriz más exacta
del color
o
como los ojos del niño/ bolas carrasposas
en el pavimento

Ariel guardó
en la ingle
un mangle
y la muerte le creció
desde el fango

La muerte
el charco
el fango y
Ariel
eran lo mismo

Los cangrejos sabían

Estereotipos. Alucinaciones. Otras experiencias personales

Con Jorge Alberto Aguiar

… Y en *Nebraska*
aún no me conocen

Cayendo los sonidos

Grises
automáticos
desesperantes sonidos
que aún no me llevan a Nebraska

Perdí el rastro de la casa

Yeah baby
Judas Priest conspira
Venga heavy
Rob Hardford es un hueso y
conspira y
perdí el rastro de la casa
Marihuana

Alguien habló de marihuana

Automáticos sonidos

Grises
y en Nebraska aún no me conocen

Ráfagas

Chicas tropicales

Soy la aguja y el camello

Imposible es llamarme por el nombre

        he cambiado el nombre
        de cambiar las cosas

Soy la aguja y el camello

Ráfagas

Putas tropicales y
jóvenes chicas putas
del trópico
Perdí el rastro de la casa
Venga heavy

Before the down

Pausa

Gotas grises de humo en la memoria
/ conquista de la ausencia /

Viejas
Gordas
Gordas pellejudas y
viejas tropicales gordas y pellejudas
que tiritan
que se inflaman
en un tren que no acaba de caer

Un tren hacia el mercado agropecuario

Viejas chicas putas tropicales
que conspiran

        / he cambiado el nombre
        de cambiar las cosas /

Cayendo los sonidos

Soy la aguja y el camello

... y en *Nebraska*

    llueve

        llueve
           llueve

Rockasón con Virgilio Piñera

I.

A quién le importa
la levedad de una Isla

Todo coincide en la ruptura

Entre un vertedero
y otro
un vertedero intermedio

      coordenadas de la historia

Un punto en el espacio
es una fuga

Entre una historia y otra
un punto negro

Un punto negro es una fuga

A quién le importa
la levedad de una Isla

Entre un vertedero y otro
La úlcera de Chago

Un punto en el espacio
es una fuga
/ fugada de la historia
la úlcera de Chago

Todo coincide
más allá de la úlcera de Chago

Chago levita
como un huevo de avestruz

pero

a quién le importa
la levedad de Chago
que es decir la levedad de una Isla

2.

Un policía
para cada vendedor de pizza

Un inspector

Un grito y
la mierda
Literalmente la mierda
Que fluye
        fluye

Otro ladrón

Otro turista

        / ganja Mr.
        ganja
        I'have ganja Mr.
        ganja

Rockasón
estoy bailando Rockasón

Otro pomo de aceite y
otro grito

because
todo fluye *Virgilio*

Es la *maldita circunstancia*

Rockasón Virgilio

estoy bailando Rockasón
con los muchachos...[*]

Suerte la de Flora
tener los pies tan grandes
significa un paso de ventaja

Ganja Mr
            ganja y
Rockasón

Because
todo fluye Virgilio
todo fluye

Allen Ginsberg
bailando la *guantanamera*
en 23 & L
—enganchado y satisfecho—

Suerte la de *Flora*
bailar con un *tacón jorobado*

———————————

[*] Canción de Alejandro Gutiérrez.

puede ser de muchas propinas
Es *la maldita circunstancia*

Porque
todo fluye *Virgilio*
todo fluye

3.

Virgilio baila el Rockasón

Da lo mismo un signo
que la última *corrida* en bolsa negra

Éste es el signo de Virgilio

Más de un par de pánicos definen
la estrategia y la escritura

Virgilio baila el Rockasón
y piensa en un pene

Virgilio que baila en la levedad
de una Isla
permeada de penes

4.

Castigo fue el agua

La disección de una Isla

La luz que gravita y
llega a ser cáncer

Porque
todo fluye /

el policía
el vendedor de pizza
el maricón reprimido
la tuberculosa que humanamente
donó los órganos
la de las tetas elásticas
el huevo de Chago
—paridor de una úlcera—
el ministro
los poetas más poetas
la ceiba y
el Cha-Cha-Chá

Castigo fue
la disección de una Isla y

el agua

5.

Mojo al gato y la Isla se consume

Plasticidad de la Isla y
gesto pródigo

Sombras enunciantes del fin
ahorcadas en la plasticidad
de un gesto
Virgilio Piñera
colocó la herrumbre

 la dimensión de un
punto negro

Mojo al gato y
la Isla se consume

Plasticidad
y dimensión de un punto negro

6.
Éste es el final

Ahí va la sangre
Los cuerpos descompuestos
Ahí va la herrumbre

Rockasón

Mírame a los testículos baby

Me sudan
sólo de pensar en un poema
Rockasón
Éste es el final

—la sangre
la herrumbre
Virgilio—
todos son un punto negro

Ahí va Virgilio

descompuesto y feliz

Rockasón

Mírame a los testículos
baby
me llueven si pienso en un poema

Éste es el final

Hay que morder hay que gritar
hay que arañar
He dado las últimas instrucciones

7.

A quién le importa
la levedad de una Isla

Desenlace y trauma de la historia

Definiciones y sentencias
de lo inevitable e
indefinible

Desde el vertedero es la fiesta
—desde la resaca—
Carnaval de cuerpos descompuestos

Rockasón
y poemas herrumbrosos

Sangre

Todo fluye

Todo coincide en la ruptura

Entre un límite y otro
el agua

Baste decir agua
y la disección será completa

8.

De qué final se habla

Desde el vertedero es la fiesta

Hay muchos ojos y
muchas lenguas
            —largas y peludas lenguas—

Rockasón Virgilio
Rockasón y
mueve tus caderas

Carnaval de cuerpos descompuestos

Sentencia de una Isla permeada
de penes

Addenda

La isla. El huevo de la germinidad

En ponerse en marcha hacia un punto no ha cesado en su totalidad el proyecto del romanticismo, craquelado por las inclemencias de físicos y astrónomos, que no deja de poseer en sus cápsulas más íntimas las energías de una redención ingenua.

Los puntos han perdido su capacidad de absoluto. Cuando se dice negro se miente: se debe entender lugar de camuflaje, zona confusa que propicia una numerosa actividad microscópica. Es por eso que el ente se arrastra, involuciona supeditado a una estrategia, goza posando de reptil en un fango apestoso y frágil.

Por el paso inferior está el camino más recto hacia los vertederos y las cloacas; se goza de haber aprendido el motivo de ser cínico, legitimación de un nuevo carnaval, júbilo y artificio de la descomposición. Finalmente el dolor puede sacar su cara abyecta en una escena amanerada, y detrás de la confitería y los travestis aparecen los contornos de una ambigüedad tan cierta como cualquier rayo de luz.

El ente (es decir, L. Santiago Méndez Alpízar, Chago) proviene de una casta, de un espacio cerrado en sí mismo, imperio de una falsa ecología. Es un fugado como diría Deleuze, aquello que escapó de un flujo de la barbarie de la inconsciencia, y ahora lo narra.

Y qué real es todo esto, cuando en una habitación del Mascotte (único Hotel de su pueblo de siempre, Remedios) lee poemas el otro, el que no pudo fugar. La dolorosa arqueología que el flujo funda con su perversidad.

Chago gusta a intervalos de ser cronista de la fractura, de la pérdida, de lo que siempre va a impedir que el organismo logre restaurarse nuevamente.

La escritura deviene cuerpo que se origina del deshecho, después de haber avanzado el desecho dilatado; lo excluido por una cotidianidad hormonal arriba a un trazo que puede nombrarse carácter o estilo. Entonces esas palabras arruinadas quizás por el cansancio de una violencia humana, cansancio percluido por el hábito hedonista del lenguaje, terminan por participar en una relación seductora.

Sin dudas, una isla es la antinomia de una úlcera, una protuberancia, la subversión del océano u otro paso marítimo. Aquí aparecen en una situación de transgresión, queriendo salvar esa distancia tan marcada que las aleja; la úlcera de Chago y la Isla en peso de Piñera pretendiendo copular.

Ricardo Alberto Pérez

Epílogo

Como alrededor de un escueto, casi indiferente, pero nunca olvidado –por inquietante– *punto negro*, se desenvuelven las piruetas de Chago: visiones rapidísimas, como de otro Casal, el que sí realiza un exotismo cotidiano, visceral, imantado, con un olfato infalible, por lo raro, que es siempre la entraña de lo real. Un barroquismo de lo visceral, entonces. La marginalia de la realidad. Todos los alrededores de una ciudad casi mítica, por ubicua, que está y no está. Un leve guiño a la realidad para que nunca falte el pasaje hacia *el país de al lado*. Entonces hay que fumar, hay que comer, hay que singar, hay que vivir la música, las imágenes insaciables, hay que coger la realidad, manosearla, como si fuera una mezcla de todos los sentidos: los alimentos terrestres. El mundo vital confundido, mestizo, de lo sagrado. Hay que emborracharse, anegarse, inundarse con todas las imágenes. Imágenes liberadas de toda tradición, de toda jerarquía. Como un conjuro, un tributo a dioses desconocidos, para permanecer siempre en la noche, para que no termine nunca esa extraña intensidad. De esa alquimia insular, se destilan sus poemas, como un polen náufrago, un residuo, un don oculto. Tienen que ser cantados, dichos, susurrados. Su oralidad es innata. Chago siempre es el *pre* o el *pos*, la víspera o la postrimería, de ese Hombre Nuevo que le profetizaron a su generación. Un más allá o un más acá. El se ocultó en la fiesta, en la noche, en una alegría natural, casi infantil. Con una delicadeza en la obscenidad, hizo de los márgenes un reino incorruptible. Siempre exiliado del centro, en una isla a la deriva, en la resaca, como un *clown*. Ante esa imagen bárbara, goyesca, el Hombre Nuevo es como un hombrecito patético, *kitsch* estéril. Poesía, pues, la de Chago, auténtica, rota, inacabada, con un ritmo interior antiguo, casi salvaje, que escapa siempre hacia la *oscura pradera*, hacia la otra noche, hacia la otra ciudad.

Jorge Luis Arcos

Nota

La primera parte de *Punto Negro* tuvo una escasa edición de autor en La Habana, 1995. El poema «Rockasón con Virgilio Piñera» fue publicado en el año 1996 por la editorial Betania en Madrid, con prólogo de Ricardo Alberto Pérez y obra de cubierta de Bárbaro Miyares.

Para esta edición, la primera completa, definitiva, el autor ha incorporado algunos textos al conjunto del libro.

www.ingramcontent.com/pod-product-compliance
Lightning Source LLC
Chambersburg PA
CBHW022016080426

42733CB00007B/626